The Peacock And Other Bilingual French-English Stories

Pomme Bilingual

Published by Pomme Bilingual, 2024.

While every precaution has been taken in the preparation of this book, the publisher assumes no responsibility for errors or omissions, or for damages resulting from the use of the information contained herein.

THE PEACOCK AND OTHER BILINGUAL FRENCH-ENGLISH STORIES

First edition. July 20, 2024.

Copyright © 2024 Pomme Bilingual.

ISBN: 979-8224318148

Written by Pomme Bilingual.

Table of Contents

Les Liens du Cœur

———

Un petit garçon marchait seul à travers une forêt dense, ses pieds nus caressant le sol humide et couvert de mousse. Le vent soufflait doucement entre les arbres, murmurant des secrets oubliés. Il s'appelait Léo, et bien qu'il soit jeune, il portait déjà sur ses épaules le poids de nombreuses tristesses.

Un jour, alors qu'il marchait sans but précis, il rencontra un renard aux yeux perçants et à la fourrure rousse. Le renard s'approcha de lui, curieux et intrigué.

"Pourquoi es-tu si triste, petit garçon?" demanda le renard.

Léo regarda le renard, ses yeux remplis de larmes non versées. "Je me sens seul," dit-il simplement.

Le renard hocha la tête, comprenant. "Je te comprends," dit-il. "La solitude peut être un lourd fardeau. Mais tu n'es jamais vraiment seul. La forêt murmure, les rivières chantent, et même le vent te parle. Écoute-les."

Léo ferma les yeux et écouta. Pour la première fois, il entendit les chansons douces de la nature autour de lui. Les oiseaux chantaient des mélodies d'espoir, et les feuilles chuchotaient des histoires anciennes. Il se sentit réconforté par cette symphonie naturelle.

"Merci, renard," dit Léo en ouvrant les yeux. "Tu m'as montré un monde que je n'avais jamais remarqué."

"Rappelle-toi, petit garçon," dit le renard en souriant, "que les plus grandes richesses se trouvent souvent dans les choses les plus simples."

En continuant son chemin, Léo rencontra un vieil arbre majestueux. Ses branches s'étendaient vers le ciel, offrant un abri bienveillant.

"Viens t'asseoir à mon ombre," murmura l'arbre d'une voix douce et apaisante.

Léo s'assit et sentit une vague de tranquillité l'envahir. "Pourquoi donnes-tu ton ombre à tous ceux qui passent?" demanda-t-il.

"L'ombre est mon cadeau," répondit l'arbre. "Tout le monde a besoin de répit de temps en temps. Et en partageant mon ombre, je trouve ma propre paix."

Léo comprit alors que donner aux autres pouvait apporter une joie inattendue à celui qui donne. Il se promit de partager cette sagesse avec les autres.

Alors qu'il continuait sa route, il rencontra une rivière scintillante. L'eau était claire et fraîche, et elle murmurait des histoires d'aventures lointaines.

"Bois à ma source et écoute mes récits," dit la rivière avec une voix mélodieuse.

Léo se pencha et but de l'eau pure. Chaque gorgée lui apportait un sentiment de renouveau. "Tu es si belle et sage," dit Léo à la rivière. "Comment fais-tu pour rester toujours si pure?"

"Je ne me contente pas de mon propre flux," répondit la rivière. "Je reçois de la pluie, je partage avec la mer, et je continue de couler, toujours en mouvement."

Léo comprit alors que la pureté et la sagesse viennent du mouvement constant et du partage. Il se promit de rester ouvert et généreux, comme la rivière.

À la fin de son voyage, Léo se sentait transformé. La forêt, le renard, l'arbre et la rivière lui avaient appris des leçons précieuses. Il n'était plus le petit garçon seul et triste, mais un jeune garçon rempli de sagesse et de compassion.

Il retourna chez lui, où sa famille l'attendait avec impatience. Il partagea avec eux les histoires et les leçons qu'il avait apprises. Et à partir de ce jour, Léo devint un phare de lumière pour tous ceux qui l'entouraient, rappelant à chacun que la vraie richesse réside dans les liens du cœur et la simplicité de la vie.

The Bonds of the Heart

A little boy walked alone through a dense forest, his bare feet caressing the damp, moss-covered ground. The wind blew gently between the trees, whispering forgotten secrets. His name was Leo, and although he was young, he already bore the weight of many sorrows on his shoulders.

One day, as he walked aimlessly, he encountered a fox with piercing eyes and russet fur. The fox approached him, curious and intrigued.

"Why are you so sad, little boy?" asked the fox.

Leo looked at the fox, his eyes filled with unshed tears. "I feel lonely," he said simply.

The fox nodded, understanding. "I understand you," he said. "Loneliness can be a heavy burden. But you are never truly alone. The forest whispers, the rivers sing, and even the wind speaks to you. Listen to them."

Leo closed his eyes and listened. For the first time, he heard the gentle songs of nature around him. The birds sang melodies of hope, and the leaves whispered ancient stories. He felt comforted by this natural symphony.

"Thank you, fox," Leo said, opening his eyes. "You have shown me a world I had never noticed."

"Remember, little boy," said the fox with a smile, "that the greatest treasures are often found in the simplest things."

As he continued his journey, Leo encountered a majestic old tree. Its branches reached towards the sky, offering a benevolent shelter.

"Come sit in my shade," murmured the tree in a soft, soothing voice.

Leo sat down and felt a wave of tranquility wash over him. "Why do you give your shade to everyone who passes by?" he asked.

"Shade is my gift," replied the tree. "Everyone needs a break from time to time. And by sharing my shade, I find my own peace."

Leo then understood that giving to others could bring unexpected joy to the giver. He promised to share this wisdom with others.

As he continued his journey, he met a sparkling river. The water was clear and fresh, and it murmured tales of distant adventures.

"Drink from my source and listen to my stories," said the river with a melodious voice.

Leo bent down and drank the pure water. Each sip brought him a sense of renewal. "You are so beautiful and wise," Leo said to the river. "How do you stay so pure?"

"I do not content myself with my own flow," replied the river. "I receive from the rain, share with the sea, and keep flowing, always in motion."

Leo then understood that purity and wisdom come from constant movement and sharing. He promised to remain open and generous, like the river.

By the end of his journey, Leo felt transformed. The forest, the fox, the tree, and the river had taught him valuable lessons. He was no longer the lonely and sad little boy, but a young boy filled with wisdom and compassion.

He returned home, where his family awaited him eagerly. He shared with them the stories and lessons he had learned. And from that day on, Leo became a beacon of light for all those around him, reminding everyone that true wealth lies in the bonds of the heart and the simplicity of life.

Les Pas de l'Espoir

Dans un petit village entouré de collines verdoyantes, vivait un jeune garçon nommé Antoine. Curieux et rêveur, Antoine passait ses journées à explorer les prairies, les forêts, et les rivières qui bordaient son chez-lui. Pourtant, malgré la beauté qui l'entourait, un sentiment de vide persistait en lui. Ses parents étaient souvent occupés, et ses amis semblaient parfois distants, emportés par leurs propres préoccupations.

Un matin, alors que les premiers rayons du soleil perçaient l'horizon, Antoine décida de partir à l'aventure au-delà des collines qu'il connaissait si bien. Armé de son sac à dos et de quelques provisions, il s'engagea sur un sentier étroit, déterminé à découvrir ce que le monde avait à lui offrir.

Après plusieurs heures de marche, il arriva dans une clairière où se trouvait un chêne majestueux. Ses branches imposantes s'étendaient vers le ciel, et ses racines plongeaient profondément dans la terre, comme si elles cherchaient à atteindre le cœur même du monde. Antoine s'assit à l'ombre de l'arbre et contempla le paysage.

"Bonjour, jeune aventurier," dit une voix douce et grave. Antoine sursauta et regarda autour de lui, mais ne vit personne. "Ici, en bas," ajouta la voix.

Antoine baissa les yeux et découvrit un petit hérisson aux yeux brillants qui le regardait avec curiosité. "Qui es-tu?" demanda Antoine.

"Je m'appelle Hugo," répondit le hérisson. "Je suis le gardien de ce chêne et des secrets qu'il protège. Que cherches-tu en ce lieu?"

Antoine réfléchit un instant. "Je ne suis pas sûr," avoua-t-il. "Je suppose que je cherche quelque chose qui me remplisse, quelque chose qui donne un sens à ma vie."

Hugo sourit et fit un signe de tête compréhensif. "La vie est un voyage, jeune Antoine. Parfois, ce que nous cherchons se trouve plus près de nous que nous ne le pensons. Mais il faut d'abord ouvrir son cœur pour le voir."

Antoine hocha la tête, déterminé à suivre ce conseil. Il remercia Hugo et reprit son chemin, les paroles du hérisson résonnant dans son esprit. Tandis qu'il marchait, il remarqua de petites merveilles qu'il n'avait jamais vues auparavant: les fleurs sauvages aux couleurs éclatantes, les chants mélodieux des oiseaux, et la danse gracieuse des papillons.

Après plusieurs jours de voyage, Antoine atteignit un village niché dans une vallée. Les habitants l'accueillirent chaleureusement, curieux de connaître son histoire. Parmi eux, il fit la connaissance de Sophie, une jeune fille au sourire éclatant et aux yeux pétillants de malice.

Sophie et Antoine devinrent rapidement amis. Ils passaient leurs journées à explorer les environs, à raconter des histoires et à partager leurs rêves. Sophie lui montra un coin secret de la forêt où poussait une multitude de fleurs rares et magnifiques. "Cet endroit est magique," dit-elle. "Il m'a toujours apporté de la joie et de l'espoir. Peut-être pourra-t-il faire de même pour toi."

Antoine sentit une chaleur douce envahir son cœur. Pour la première fois depuis longtemps, il se sentait véritablement heureux. "Merci, Sophie," murmura-t-il. "Tu m'as montré que le bonheur peut être trouvé dans les choses simples et les moments partagés."

Un matin, alors qu'Antoine se préparait à retourner dans son village, Sophie lui offrit un petit carnet en cuir. "Écris-y tes pensées, tes rêves, et tes découvertes," dit-elle. "Il te rappellera toujours ce que tu as appris ici."

Antoine serra le carnet contre lui et remercia Sophie avec émotion. Ils se promirent de se revoir et de continuer à partager leurs aventures. En chemin de retour, Antoine se sentait changé. Il comprenait maintenant que le bonheur ne réside pas seulement dans ce que l'on possède, mais dans les liens que l'on tisse et les moments que l'on vit.

De retour chez lui, Antoine continua d'écrire dans son carnet. Il y notait chaque petit moment de bonheur, chaque découverte, et chaque personne qui apportait de la lumière dans sa vie. Il devint un jeune homme rempli de sagesse et de compassion, toujours prêt à tendre la main à ceux qui en avaient besoin.

Les années passèrent, et Antoine devint un conteur renommé, partageant ses histoires avec les jeunes et les moins jeunes. Son carnet de cuir, usé par le temps, était devenu un trésor inestimable, plein de souvenirs et de leçons de vie.

Un jour, alors qu'il racontait une de ses histoires à un groupe d'enfants sous le vieux chêne de la clairière, il aperçut une silhouette familière parmi l'assistance. C'était Sophie, son amie de toujours, venue écouter ses récits.

Après la séance, ils se retrouvèrent et partagèrent leurs souvenirs avec émotion. "Tu m'as beaucoup manqué, Antoine," dit Sophie.

"Toi aussi," répondit Antoine en souriant. "Mais nos chemins se sont croisés de nouveau, et c'est tout ce qui compte."

Ils s'assirent sous le chêne et regardèrent le ciel ensemble, se remémorant leurs aventures passées et rêvant de celles à venir. Et dans ce moment de paix et de bonheur partagé, Antoine sut que les liens qu'ils avaient tissés étaient éternels.

À travers ses histoires, Antoine continua de transmettre la beauté des petites choses, l'importance des amitiés sincères, et la magie de l'espoir. Il enseigna à chacun que la vie, avec ses hauts et ses bas, est un voyage rempli de merveilles pour ceux qui savent ouvrir leur cœur et leurs yeux.

Ainsi, le jeune garçon qui cherchait autrefois un sens à sa vie était devenu un guide, une lumière pour les autres, montrant que le véritable trésor réside dans les pas de l'espoir et les liens du cœur.

Steps of Hope

In a small village surrounded by lush hills, lived a young boy named Antoine. Curious and dreamy, Antoine spent his days exploring the meadows, forests, and rivers that bordered his home. Yet, despite the beauty around him, a sense of emptiness persisted within him. His parents were often busy, and his friends sometimes seemed distant, caught up in their own concerns.

One morning, as the first rays of sunlight pierced the horizon, Antoine decided to embark on an adventure beyond the familiar hills. Armed with his backpack and some provisions, he set off on a narrow path, determined to discover what the world had to offer.

After several hours of walking, he arrived in a clearing where a majestic oak tree stood. Its imposing branches reached toward the sky, and its roots plunged deep into the earth as if they sought to touch the very heart of the world. Antoine sat in the tree's shade and contemplated the landscape.

"Hello, young adventurer," said a soft and deep voice. Antoine jumped and looked around but saw no one. "Down here," added the voice.

Antoine looked down and discovered a small hedgehog with bright eyes watching him curiously. "Who are you?" asked Antoine.

"My name is Hugo," replied the hedgehog. "I am the guardian of this oak and the secrets it protects. What are you looking for in this place?"

Antoine thought for a moment. "I'm not sure," he admitted. "I suppose I'm looking for something to fill me, something to give my life meaning."

Hugo smiled and nodded understandingly. "Life is a journey, young Antoine. Sometimes what we seek is closer to us than we think. But we must first open our hearts to see it."

Antoine nodded, determined to follow this advice. He thanked Hugo and resumed his journey, the hedgehog's words resonating in his mind. As he walked, he noticed small wonders he had never seen before: the wildflowers in bright colors, the melodious songs of birds, and the graceful dance of butterflies.

After several days of travel, Antoine reached a village nestled in a valley. The inhabitants welcomed him warmly, curious to know his story. Among them, he met Sophie, a young girl with a radiant smile and sparkling eyes full of mischief.

Sophie and Antoine quickly became friends. They spent their days exploring the surroundings, telling stories, and sharing their dreams. Sophie showed him a secret corner of the forest where rare and magnificent flowers grew. "This place is magical," she said. "It has always brought me joy and hope. Perhaps it can do the same for you."

Antoine felt a gentle warmth fill his heart. For the first time in a long while, he felt truly happy. "Thank you, Sophie," he murmured. "You have shown me that happiness can be found in simple things and shared moments."

One morning, as Antoine prepared to return to his village, Sophie gave him a small leather journal. "Write your thoughts, dreams, and discoveries in it," she said. "It will always remind you of what you've learned here."

Antoine hugged the journal to his chest and thanked Sophie emotionally. They promised to see each other again and continue sharing their adventures. On his way back, Antoine felt changed. He now understood that happiness does not only reside in what one possesses but in the bonds one weaves and the moments one lives.

Back home, Antoine continued to write in his journal. He noted every little moment of happiness, every discovery, and every person who brought light into his life. He became a young man filled with wisdom and compassion, always ready to lend a hand to those in need.

Years passed, and Antoine became a renowned storyteller, sharing his tales with the young and old alike. His leather journal, worn by time, had become an invaluable treasure, full of memories and life lessons.

One day, as he was telling one of his stories to a group of children under the old oak in the clearing, he spotted a familiar figure among the audience. It was Sophie, his lifelong friend, come to listen to his tales.

After the session, they reunited and shared their memories with emotion. "I've missed you a lot, Antoine," said Sophie.

"I missed you too," Antoine replied, smiling. "But our paths have crossed again, and that's all that matters."

They sat under the oak and looked at the sky together, reminiscing about their past adventures and dreaming of those to come. And in that moment of peace and shared happiness, Antoine knew that the bonds they had woven were eternal.

Through his stories, Antoine continued to convey the beauty of small things, the importance of sincere friendships, and the magic of hope. He taught everyone that life, with its ups and downs, is a journey filled with wonders for those who know how to open their hearts and eyes.

Thus, the young boy who once sought meaning in his life had become a guide, a light for others, showing that the true treasure lies in the steps of hope and the bonds of the heart.

Le Hérisson et l'Étoile Filante

Dans une petite clairière cachée au cœur d'une vaste forêt, vivait un hérisson nommé Gustave. Gustave était un petit hérisson aux épines douces et aux yeux curieux, toujours en quête de nouvelles aventures et de découvertes. Chaque soir, il aimait s'asseoir sous le grand chêne et regarder les étoiles scintiller dans le ciel nocturne.

Un soir, alors qu'il observait les constellations, Gustave remarqua une étoile filante traverser le ciel avec une grâce éblouissante. Fasciné, il ferma les yeux et fit un vœu. "Je souhaite comprendre le véritable sens de la vie," murmura-t-il. Lorsque Gustave ouvrit les yeux, il vit une lumière douce et scintillante descendre lentement du ciel. Elle se posa délicatement devant lui et prit la forme d'une petite étoile lumineuse.

"Bonjour, Gustave," dit l'étoile avec une voix mélodieuse. "Je suis Stella, l'étoile filante que tu as vue. Je suis venue t'aider à réaliser ton vœu."

Gustave était émerveillé. "Vraiment ? Comment vas-tu m'aider à comprendre le sens de la vie ?"

Stella sourit. "La vie est un voyage rempli de mystères et de beautés cachées. Viens avec moi, et ensemble nous découvrirons ce que signifie vraiment vivre."

Gustave, plein d'excitation, suivit Stella à travers la forêt. Ils parcoururent des sentiers qu'il n'avait jamais explorés auparavant, chaque pas révélant de nouvelles merveilles. Ils rencontrèrent des animaux aux histoires captivantes et traversèrent des paysages enchanteurs.

Le premier arrêt de leur voyage fut au bord d'une rivière scintillante. Là, ils rencontrèrent une vieille tortue nommée Marguerite. "Bonjour,

Gustave," dit Marguerite. "Stella m'a dit que tu cherchais le sens de la vie. La vie, pour moi, c'est comme cette rivière. Elle coule doucement mais fermement, traversant les obstacles et nourrissant tout sur son passage. Prends le temps d'apprécier chaque moment et de voir comment tout est connecté."

Gustave réfléchit à ces paroles et remercia Marguerite. La rivière avait une signification nouvelle pour lui, symbolisant la persévérance et la continuité.

Ensuite, Stella et Gustave s'aventurèrent dans une prairie où les fleurs dansaient avec le vent. Là, ils rencontrèrent un papillon nommé Lucien. "La vie est un cycle de transformations," expliqua Lucien. "Comme moi, nous commençons comme quelque chose de petit et de simple, mais avec le temps et les expériences, nous grandissons et nous transformons en quelque chose de beau et de complexe."

Gustave se sentit inspiré par Lucien. Il comprit que la vie est un processus de croissance et de changement, et que chaque phase a sa propre beauté et importance.

Leur voyage les conduisit ensuite à une montagne majestueuse. Au sommet, ils trouvèrent un aigle nommé Armand. "La vie, c'est la liberté," déclara Armand en déployant ses ailes puissantes. "Il faut oser rêver grand et atteindre des sommets. Ne laisse jamais la peur te retenir. Les plus grandes réalisations viennent de la volonté de s'élever au-delà des limites."

Gustave, regardant l'horizon vaste et infini, sentit un élan de courage et d'ambition. Il comprit que la vie est aussi faite de rêves et de la quête de la liberté.

Enfin, Stella emmena Gustave dans un petit village où vivait une communauté de hérissons. Là, ils rencontrèrent une vieille hérissonne nommée Élise. "La vie, Gustave," dit-elle doucement, "c'est l'amour et les liens que nous tissons avec les autres. C'est dans la chaleur des amitiés et dans le soutien mutuel que nous trouvons notre véritable sens et notre bonheur."

Gustave sentit une chaleur douce envahir son cœur. Il réalisa que, malgré toutes les aventures et découvertes, ce qui donnait vraiment un sens à sa vie, c'était les relations et les moments partagés avec ceux qu'il aimait.

Après un long voyage plein d'enseignements, Gustave retourna dans sa clairière. Stella, brillant plus que jamais, dit avec douceur, "Tu as découvert les multiples facettes de la vie : la persévérance, la transformation, la liberté et l'amour. Le sens de la vie n'est pas une seule chose, mais un ensemble d'expériences et de liens qui nous enrichissent et nous guident."

Gustave regarda Stella avec gratitude. "Merci, Stella. Grâce à toi, je vois la vie sous un nouveau jour. Je suis prêt à vivre pleinement, à chérir chaque moment et chaque relation."

Stella sourit et commença à s'élever vers le ciel. "Souviens-toi, Gustave, que la magie de la vie réside dans les petites choses et dans les connections que nous créons. Je veillerai toujours sur toi, comme toutes les étoiles dans le ciel."

Gustave, avec un cœur rempli de gratitude et de nouvelles perspectives, continua à vivre ses jours avec un nouvel élan. Il partageait ses aventures et les leçons apprises avec ses amis, inspirant chacun à trouver leur propre sens et magie dans la vie.

Et chaque soir, sous le grand chêne, il levait les yeux vers le ciel, se souvenant de Stella et des enseignements précieux qu'elle lui avait offerts. Il savait désormais que le véritable sens de la vie est une mosaïque de moments, de transformations, de rêves et d'amour, et il était déterminé à en savourer chaque instant.

The Hedgehog and the Shooting Star

In a small clearing hidden deep within a vast forest lived a hedgehog named Gustave. Gustave was a little hedgehog with soft quills and curious eyes, always in search of new adventures and discoveries. Every evening, he loved to sit under the grand oak tree and watch the stars twinkle in the night sky.

One evening, as he observed the constellations, Gustave noticed a shooting star gracefully streak across the sky. Fascinated, he closed his eyes and made a wish. "I wish to understand the true meaning of life," he murmured. When Gustave opened his eyes, he saw a soft, shimmering light descending slowly from the sky. It landed gently before him and took the form of a small, luminous star.

"Hello, Gustave," said the star in a melodious voice. "I am Stella, the shooting star you saw. I have come to help you fulfill your wish."

Gustave was amazed. "Really? How will you help me understand the meaning of life?"

Stella smiled. "Life is a journey filled with mysteries and hidden beauties. Come with me, and together we will discover what it truly means to live."

Gustave, full of excitement, followed Stella through the forest. They traversed paths he had never explored before, each step revealing new wonders. They met animals with captivating stories and crossed enchanting landscapes.

The first stop on their journey was by a sparkling river. There, they met an old turtle named Marguerite. "Hello, Gustave," said Marguerite. "Stella told me you are searching for the meaning of life. Life, to me, is like this river. It flows gently yet firmly, overcoming obstacles and nourishing everything in its path. Take time to appreciate each moment and see how everything is connected."

Gustave pondered these words and thanked Marguerite. The river now had new meaning for him, symbolizing perseverance and continuity.

Next, Stella and Gustave ventured into a meadow where flowers danced with the wind. There, they met a butterfly named Lucien. "Life is a cycle of transformations," explained Lucien. "Like me, we start as something small and simple, but with time and experiences, we grow and transform into something beautiful and complex."

Gustave felt inspired by Lucien. He understood that life is a process of growth and change, and that each phase has its own beauty and importance.

Their journey then took them to a majestic mountain. At the summit, they found an eagle named Armand. "Life is about freedom," declared Armand, spreading his powerful wings. "You must dare to dream big and reach great heights. Never let fear hold you back. The greatest achievements come from the will to rise beyond limits."

Gustave, looking at the vast and infinite horizon, felt a surge of courage and ambition. He realized that life is also about dreams and the quest for freedom.

Finally, Stella took Gustave to a small village where a community of hedgehogs lived. There, they met an old hedgehog named Élise. "Life, Gustave," she said gently, "is about love and the bonds we weave with others. It is in the warmth of friendships and mutual support that we find our true meaning and happiness."

Gustave felt a gentle warmth fill his heart. He realized that despite all the adventures and discoveries, what truly gave his life meaning were the relationships and moments shared with those he loved.

After a long journey full of lessons, Gustave returned to his clearing. Stella, shining brighter than ever, said softly, "You have discovered the many facets of life: perseverance, transformation, freedom, and love. The meaning of life is not one single thing, but a combination of experiences and connections that enrich and guide us."

Gustave looked at Stella with gratitude. "Thank you, Stella. Because of you, I see life in a new light. I am ready to live fully, to cherish every moment and every relationship."

Stella smiled and began to rise into the sky. "Remember, Gustave, that the magic of life lies in the small things and the connections we create. I will always watch over you, like all the stars in the sky."

Gustave, with a heart full of gratitude and new perspectives, continued to live his days with renewed enthusiasm. He shared his adventures and the lessons learned with his friends, inspiring each one to find their own meaning and magic in life.

And every evening, under the grand oak tree, he looked up at the sky, remembering Stella and the precious teachings she had offered him. He now knew that the true meaning of life is a mosaic of moments, transformations, dreams, and love, and he was determined to savor each one.

Le Hibou et le Secret de la Nuit

———

Dans une forêt ancienne et mystérieuse, un vieux hibou nommé Orion vivait en haut d'un majestueux chêne. Orion, avec ses plumes grises et ses yeux perçants, était connu pour sa sagesse et ses histoires fascinantes. Chaque nuit, les animaux de la forêt se rassemblaient autour de son arbre pour écouter ses récits captivants.

Orion, cependant, gardait un secret qu'il n'avait jamais partagé. Bien qu'il soit considéré comme le plus sage des hiboux, il se posait encore des questions sur le véritable sens de la nuit et des étoiles qu'il aimait tant observer. Un soir, après avoir raconté une histoire aux animaux de la forêt, il se tourna vers le ciel étoilé et soupira.

"Pourquoi ces étoiles brillent-elles avec tant de mystère?" se demanda-t-il. "Quelle est leur véritable signification?"

Alors qu'Orion contemplait le ciel, une lumière douce et éclatante descendit parmi les arbres. Elle se posa doucement devant lui et prit la forme d'un hibou aux plumes scintillantes.

"Bonsoir, Orion," dit la créature avec une voix douce. "Je suis Astra, la gardienne des étoiles. J'ai entendu tes questions et je suis ici pour t'aider à découvrir les secrets de la nuit."

Orion, étonné mais ravi, demanda : "Astra, peux-tu vraiment m'aider à comprendre le sens des étoiles et de la nuit?"

Astra hocha la tête avec un sourire bienveillant. "Oui, je peux. Mais pour découvrir ces secrets, tu dois d'abord entreprendre un voyage. Viens avec moi, et ensemble nous explorerons les mystères de la nuit."

Orion, plein de curiosité, suivit Astra à travers la forêt. Ils volèrent au-dessus des arbres et traversèrent des paysages baignés de la lumière lunaire. Leur premier arrêt fut près d'un lac tranquille où les étoiles se reflétaient dans l'eau calme. Là, ils rencontrèrent un vieux poisson nommé Nestor.

"Bonsoir, Orion," dit Nestor avec une voix douce et profonde. "Les étoiles que tu vois au-dessus de toi sont comme les reflets dans ce lac. Elles sont des guides et des souvenirs du passé. Elles te rappellent d'où tu viens et te montrent la voie à suivre."

Orion réfléchit à ces paroles et remercia Nestor. Le lac et les étoiles lui semblaient désormais être des miroirs du temps, des reflets de l'histoire et des guides pour l'avenir.

Ensuite, Astra et Orion s'aventurèrent dans une clairière illuminée par la lune, où ils rencontrèrent une luciole nommée Lumi. "La nuit est une toile de rêve," expliqua Lumi en dansant dans l'air. "Elle permet à notre imagination de s'épanouir et de créer des merveilles. Les étoiles sont les éclats de nos rêves et de nos espoirs."

Orion se sentit inspiré par Lumi. Il comprit que la nuit et les étoiles étaient des sources infinies de créativité et d'inspiration, des toiles sur lesquelles se peignaient les rêves.

Leur voyage les conduisit ensuite à une montagne imposante. Au sommet, ils trouvèrent un vieux loup nommé Arlo. "La nuit, c'est le temps des mystères et des découvertes," déclara Arlo en regardant l'horizon sombre. "Elle cache des secrets et des vérités que seul le courageux peut découvrir. Les étoiles sont des balises dans l'obscurité, te guidant vers ces vérités cachées."

Orion, observant l'immensité de la nuit depuis le sommet de la montagne, sentit une montée de courage et de détermination. Il réalisa que la nuit était un terrain d'exploration et que les étoiles étaient des guides pour les âmes courageuses.

Enfin, Astra emmena Orion dans une petite vallée où vivaient des familles de chouettes et de hiboux. Là, ils rencontrèrent une vieille chouette nommée Eulalie. "La nuit, Orion," dit-elle doucement, "est un moment de connexion et de partage. C'est quand nous nous rassemblons, que nous tissons des liens et partageons nos histoires et nos rêves. Les étoiles sont les témoins silencieux de ces moments précieux."

Orion sentit une chaleur douce envahir son cœur. Il réalisa que, malgré toutes les aventures et découvertes, ce qui donnait vraiment un sens à la nuit étaient les relations et les moments partagés avec ceux qu'il aimait.

Après un long voyage rempli de révélations, Orion retourna à son chêne majestueux. Astra, brillant plus que jamais, dit avec douceur, "Tu as découvert les multiples facettes de la nuit : le reflet du passé, la toile des rêves, le terrain des découvertes et le moment de connexion. Le sens de la nuit n'est pas une seule chose, mais un ensemble d'expériences et de liens qui nous enrichissent et nous guident."

Orion regarda Astra avec gratitude. "Merci, Astra. Grâce à toi, je vois la nuit sous un nouveau jour. Je suis prêt à vivre chaque nuit pleinement, à chérir chaque étoile et chaque moment partagé."

Astra sourit et commença à s'élever vers le ciel. "Souviens-toi, Orion, que la magie de la nuit réside dans les petites choses et dans les connections que nous créons. Je veillerai toujours sur toi, comme toutes les étoiles dans le ciel."

Orion, avec un cœur rempli de gratitude et de nouvelles perspectives, continua à vivre ses nuits avec un nouvel élan. Il partageait ses découvertes et les leçons apprises avec les autres animaux de la forêt, inspirant chacun à trouver leur propre sens et magie dans la nuit.

Et chaque soir, en haut de son majestueux chêne, il levait les yeux vers le ciel, se souvenant d'Astra et des précieux enseignements qu'elle lui avait offerts. Il savait désormais que le véritable sens de la nuit est une mosaïque de moments, de rêves, de découvertes et de connexions, et il était déterminé à en savourer chaque instant.

The Owl and the Secret of the Night

———

In an ancient and mysterious forest, an old owl named Orion lived atop a majestic oak tree. With his gray feathers and piercing eyes, Orion was known for his wisdom and fascinating stories. Every night, the forest animals would gather around his tree to listen to his captivating tales.

Orion, however, had a secret he had never shared. Despite being considered the wisest of owls, he still pondered the true meaning of the night and the stars he loved to observe. One evening, after telling a story to the forest animals, he turned to the starry sky and sighed.

"Why do these stars shine with such mystery?" he wondered. "What is their true meaning?"

As Orion gazed at the sky, a soft, radiant light descended among the trees. It gently landed before him and took the form of a shimmering owl.

"Good evening, Orion," said the creature in a gentle voice. "I am Astra, the guardian of the stars. I heard your questions and I am here to help you discover the secrets of the night."

Orion, surprised but delighted, asked, "Astra, can you really help me understand the meaning of the stars and the night?"

Astra nodded with a kind smile. "Yes, I can. But to discover these secrets, you must first embark on a journey. Come with me, and together we will explore the mysteries of the night."

Orion, full of curiosity, followed Astra through the forest. They flew over the trees and across landscapes bathed in moonlight. Their first stop was by a tranquil lake where the stars were reflected in the calm water. There, they met an old fish named Nestor.

"Good evening, Orion," said Nestor in a soft, deep voice. "The stars you see above are like the reflections in this lake. They are guides and memories of the past. They remind you where you come from and show you the way forward."

Orion pondered these words and thanked Nestor. The lake and the stars now seemed to him like mirrors of time, reflections of history and guides for the future.

Next, Astra and Orion ventured into a moonlit clearing where they met a firefly named Lumi. "The night is a canvas of dreams," explained Lumi, dancing in the air. "It allows our imagination to flourish and create wonders. The stars are the fragments of our dreams and hopes."

Orion felt inspired by Lumi. He understood that the night and the stars were infinite sources of creativity and inspiration, canvases on which dreams were painted.

Their journey then took them to a towering mountain. At the summit, they found an old wolf named Arlo. "The night is the time of mysteries and discoveries," declared Arlo, looking at the dark horizon. "It hides secrets and truths that only the brave can uncover. The stars are beacons in the darkness, guiding you to these hidden truths."

Orion, observing the vastness of the night from the mountain peak, felt a surge of courage and determination. He realized that the night was a realm of exploration and that the stars were guides for brave souls.

Finally, Astra took Orion to a small valley where families of owls and night creatures lived. There, they met an old owl named Eulalie. "The night, Orion," she said gently, "is a time for connection and sharing. It is when we gather, weave bonds, and share our stories and dreams. The stars are silent witnesses to these precious moments."

Orion felt a gentle warmth fill his heart. He realized that despite all the adventures and discoveries, what truly gave meaning to the night were the relationships and moments shared with those he loved.

After a long journey full of revelations, Orion returned to his majestic oak tree. Astra, shining brighter than ever, said softly, "You have discovered the many facets of the night: the reflection of the past, the canvas of dreams, the realm of discoveries, and the time for connection. The meaning of the night is not one single thing but a combination of experiences and connections that enrich and guide us."

Orion looked at Astra with gratitude. "Thank you, Astra. Because of you, I see the night in a new light. I am ready to live each night fully, to cherish each star and every shared moment."

Astra smiled and began to rise into the sky. "Remember, Orion, that the magic of the night lies in the small things and the connections we create. I will always watch over you, like all the stars in the sky."

Orion, with a heart full of gratitude and new perspectives, continued to live his nights with renewed enthusiasm. He shared his discoveries and the lessons learned with the other forest animals, inspiring each one to find their own meaning and magic in the night.

And every evening, atop his majestic oak, he looked up at the sky, remembering Astra and the precious teachings she had offered him. He now knew that the true meaning of the night is a mosaic of moments, dreams, discoveries, and connections, and he was determined to savor each one.

Le Paon

Dans une forêt luxuriante, vivait un paon nommé Édouard. Édouard était célèbre pour son plumage spectaculaire, un éventail de couleurs éclatantes et de motifs magnifiques. Chaque matin, il déployait ses plumes pour saluer le soleil, émerveillant tous les animaux de la forêt. Pourtant, malgré son apparence éblouissante, Édouard se sentait souvent vide et insignifiant à l'intérieur. Il se demandait s'il y avait plus dans la vie que la beauté extérieure.

Un soir, alors que le crépuscule peignait le ciel de nuances d'orange et de rose, Édouard se promenait le long d'un sentier tranquille. Soudain, il aperçut une lumière douce et brillante émanant d'un bosquet. Intrigué, il s'approcha et découvrit une fée délicate, ses ailes scintillant comme des étoiles.

"Bonsoir, Édouard," dit la fée avec une voix douce et mélodieuse. "Je suis Mirabelle, la gardienne des cœurs. J'ai entendu ton désir de découvrir la véritable beauté."

Édouard, surpris mais curieux, demanda : "Mirabelle, peux-tu m'aider à comprendre ce qu'est la véritable beauté ?"

Mirabelle sourit chaleureusement. "Oui, mais pour cela, tu dois entreprendre un voyage. Viens avec moi, et ensemble, nous découvrirons ce qu'est la beauté intérieure."

Plein d'excitation et d'anticipation, Édouard suivit Mirabelle à travers la forêt. Leur premier arrêt fut près d'un ruisseau cristallin. Là, ils rencontrèrent une vieille tortue nommée Thérèse.

"Bonsoir, Édouard," dit Thérèse avec sagesse. "La vraie beauté réside dans la patience et la persévérance. Comme ce ruisseau qui coule doucement mais constamment, la beauté intérieure se révèle à ceux qui prennent le temps de l'apprécier et de la cultiver."

Édouard réfléchit aux paroles de Thérèse et remercia la vieille tortue. Le ruisseau symbolisait maintenant pour lui la persévérance et la tranquillité.

Ensuite, Mirabelle et Édouard traversèrent une clairière illuminée par la lune, où les fleurs nocturnes libéraient leur parfum enivrant. Là, ils rencontrèrent un papillon de nuit nommé Luna.

"La beauté intérieure est comme ces fleurs nocturnes," expliqua Luna. "Elle s'épanouit dans l'obscurité et parfume le monde avec sa présence subtile mais profonde. C'est une lumière douce qui guide et inspire."

Édouard se sentit inspiré par les paroles de Luna. Il comprit que la beauté intérieure est discrète mais puissante, touchant le cœur des autres de manière profonde et durable.

Leur voyage les conduisit ensuite à une colline verdoyante où ils rencontrèrent un vieux sage, un hibou nommé Octave. "La véritable beauté," déclara Octave, "réside dans la sagesse et la compassion. Elle se manifeste à travers les actions et les intentions bienveillantes, non seulement par l'apparence."

Édouard, en écoutant Octave, sentit un élan de compassion et de compréhension grandir en lui. Il réalisa que la sagesse et la bonté étaient les véritables joyaux de l'âme.

Enfin, Mirabelle emmena Édouard dans un petit village où vivait une communauté de paons. Là, ils rencontrèrent une vieille paonne nommée Clémence. "La beauté intérieure, Édouard," dit-elle doucement, "se trouve dans l'amour et les liens que nous tissons avec les autres. C'est dans la chaleur des amitiés et des relations sincères que nous trouvons notre véritable éclat."

Édouard sentit une chaleur douce envahir son cœur. Il comprit que, malgré toute la splendeur extérieure, ce qui donnait vraiment un sens à sa vie, c'était les relations et les moments partagés avec ceux qu'il aimait.

Après un long voyage rempli de révélations, Édouard retourna à son bosquet. Mirabelle, brillant de mille feux, dit avec douceur, "Tu as découvert les multiples facettes de la beauté intérieure : la patience, la présence subtile, la sagesse et la compassion, et l'amour. La véritable beauté n'est pas une seule chose, mais un ensemble d'expériences et de connexions qui enrichissent et illuminent nos vies."

Édouard regarda Mirabelle avec gratitude. "Merci, Mirabelle. Grâce à toi, je vois la beauté sous un nouveau jour. Je suis prêt à vivre pleinement, à chérir chaque relation et chaque acte de bonté."

Mirabelle sourit et commença à s'élever vers le ciel. "Souviens-toi, Édouard, que la magie de la beauté réside dans les petites choses et dans les connections que nous créons. Je veillerai toujours sur toi, comme toutes les étoiles dans le ciel."

Et chaque soir, en déployant ses plumes sous le clair de lune, il levait les yeux vers le ciel, se souvenant de Mirabelle et des précieux enseignements qu'elle lui avait offerts. Il savait désormais que la véritable beauté est une mosaïque de moments, de sagesse, de compassion et d'amour, et il était déterminé à en savourer chaque instant.

The Peacock

In a lush forest, lived a peacock named Édouard. Édouard was famous for his spectacular plumage, a fan of dazzling colors and beautiful patterns. Every morning, he would spread his feathers to greet the sun, astonishing all the animals in the forest. However, despite his dazzling appearance, Édouard often felt empty and insignificant inside. He wondered if there was more to life than outer beauty.

One evening, as the twilight painted the sky in shades of orange and pink, Édouard was strolling along a quiet path. Suddenly, he noticed a soft and bright light emanating from a grove. Intrigued, he approached and discovered a delicate fairy, her wings shimmering like stars.

"Good evening, Édouard," said the fairy in a soft and melodious voice. "I am Mirabelle, the guardian of hearts. I heard your desire to discover true beauty."

Édouard, surprised but curious, asked, "Mirabelle, can you help me understand what true beauty is?"

Mirabelle smiled warmly. "Yes, but for that, you must undertake a journey. Come with me, and together we will discover what inner beauty is."

Full of excitement and anticipation, Édouard followed Mirabelle through the forest. Their first stop was by a crystal-clear stream. There, they met an old turtle named Thérèse.

"Good evening, Édouard," said Thérèse with wisdom. "True beauty lies in patience and perseverance. Like this stream that flows gently but constantly, inner beauty reveals itself to those who take the time to appreciate and cultivate it."

Édouard pondered Thérèse's words and thanked the old turtle. The stream now symbolized perseverance and tranquility for him.

Next, Mirabelle and Édouard crossed a moonlit clearing, where night flowers released their intoxicating fragrance. There, they met a moth named Luna.

"Inner beauty is like these night flowers," explained Luna. "It blooms in the dark and perfumes the world with its subtle but profound presence. It is a gentle light that guides and inspires."

Édouard felt inspired by Luna's words. He understood that inner beauty is discreet but powerful, touching the hearts of others in a deep and lasting way.

Their journey then led them to a green hill where they met an old sage, an owl named Octave. "True beauty," declared Octave, "lies in wisdom and compassion. It manifests through kind actions and intentions, not just appearances."

Édouard, listening to Octave, felt a surge of compassion and understanding grow within him. He realized that wisdom and kindness were the true jewels of the soul.

Finally, Mirabelle took Édouard to a small village where a community of peacocks lived. There, they met an old peahen named Clémence. "Inner beauty, Édouard," she said gently, "is found in love and the bonds we weave with others. It is in the warmth of friendships and sincere relationships that we find our true shine."

Édouard felt a gentle warmth fill his heart. He understood that despite all the external splendor, what truly gave his life meaning were the relationships and moments shared with those he loved.

After a long journey full of revelations, Édouard returned to his grove. Mirabelle, shining brightly, said softly, "You have discovered the many facets of inner beauty: patience, subtle presence, wisdom and compassion, and love. True beauty is not one single thing, but a combination of experiences and connections that enrich and illuminate our lives."

Édouard looked at Mirabelle with gratitude. "Thank you, Mirabelle. Because of you, I see beauty in a new light. I am ready to live fully, to cherish every relationship and every act of kindness."

Mirabelle smiled and began to rise into the sky. "Remember, Édouard, that the magic of beauty lies in the small things and the connections we create. I will always watch over you, like all the stars in the sky."

Édouard, with a heart full of gratitude and new perspectives, continued to live his days with renewed enthusiasm. He shared his discoveries and the lessons learned with his fellow peacocks and other forest animals, inspiring each one to find their own sense of meaning and magic in inner beauty.

And each evening, as he spread his feathers under the moonlight, he would look up at the sky, remembering Mirabelle and the precious teachings she had bestowed upon him. He now knew that true beauty is a mosaic of moments, wisdom, compassion, and love, and he was determined to savor every aspect of it.

In the quiet of the forest, Édouard became a symbol of inner beauty, showing that the most profound splendor lies not in one's appearance, but in the kindness one shares and the connections one nurtures. His once dazzling feathers seemed to glow even brighter, not just because of their vibrant colors, but because of the light of his heart that now shone through them.

The animals of the forest admired Édouard not only for his magnificent plumage but also for the warmth and wisdom he brought into their lives. Édouard had discovered that while his feathers were beautiful, the true essence of his beauty came from within, and it was this inner light that made him truly radiant.

As the seasons changed and the forest grew, Édouard continued to inspire those around him. He told stories of his journey with Mirabelle, of the lessons he had learned from the stream, the flowers, the owl, and the peahen. Each story was a testament to the inner beauty he had found and the way it had transformed his life.

And so, under the canopy of the forest, amidst the whispers of the wind and the songs of the night, Édouard lived his days with a heart full of joy, gratitude, and a deep appreciation for the true beauty of life. He knew that the journey to understanding inner beauty was ongoing, but he was content knowing that he had begun to unravel its mysteries and share its light with the world.

In every flutter of his feathers and every step he took, Édouard carried the wisdom of Mirabelle's teachings, embracing the magic of beauty that came from within. His life became a beautiful tapestry woven with threads of patience, subtle presence, wisdom, and love, and it was this tapestry that illuminated his path and the paths of those he touched with his newfound understanding.

As the stars continued to twinkle in the night sky, Édouard would often look up and remember Mirabelle, grateful for the journey that had shown him that the most beautiful light shines from within. And with that knowledge, he lived each day fully, cherishing the moments and connections that made his life truly magnificent.

Le Cerf et la Ruisseau de la Réconciliation

Dans une vallée tranquille entourée de collines verdoyantes, vivait un cerf nommé Léonard. Léonard était connu pour ses bois majestueux et sa douceur de caractère. Cependant, malgré son apparence sereine, Léonard portait une douleur secrète, un malentendu ancien avec un ami proche, un renard nommé Félix.

Il y a plusieurs saisons, Léonard et Félix avaient eu une dispute à propos d'un territoire dans la forêt. La querelle avait été amère, et bien que le temps ait passé, le ressentiment et la rancœur étaient restés dans le cœur de Léonard. Chaque fois qu'il voyait Félix dans la forêt, il ressentait une vague de tristesse et de colère, malgré ses efforts pour se comporter avec courtoisie.

Un jour d'automne, alors que les feuilles tombaient comme des confettis dorés, Léonard errait près d'un ruisseau scintillant. Le murmure de l'eau semblait apaiser son esprit troublé, mais la douleur persistait. C'est alors qu'il rencontra une vieille tortue nommée Séraphine, réputée pour sa sagesse et son calme.

"Bonjour, Léonard," dit Séraphine en regardant les feuilles flotter sur le ruisseau. "Tu sembles préoccupé. Que t'arrive-t-il ?"

Léonard soupira profondément. "Séraphine, je porte en moi une vieille rancœur envers Félix. Nous avons eu une dispute il y a longtemps, et bien que nous ayons continué nos vies, je ne parviens pas à oublier. J'ai besoin de comprendre comment trouver la paix intérieure."

Séraphine, avec un regard plein de compréhension, répondit : "La réconciliation est un voyage, Léonard. C'est comme ce ruisseau que nous regardons. Pour qu'il reste clair et pur, il doit continuer à couler et à se nettoyer. La réconciliation nécessite d'ouvrir son cœur, de libérer les sentiments douloureux, et de permettre à l'eau de s'écouler librement."

Léonard réfléchit aux paroles de Séraphine et remercia la vieille tortue. Il savait qu'il devait entreprendre un voyage pour trouver la paix intérieure. Séraphine l'encouragea à suivre le ruisseau, suggérant que peut-être il trouverait des réponses en explorant la forêt.

En suivant le ruisseau, Léonard arriva à une clairière où un grand chêne se tenait majestueusement. Sous l'arbre se trouvait un hibou sage nommé Octave, qui observait les feuilles tomber avec une attention bienveillante.

"Bonsoir, Léonard," dit Octave avec une voix profonde et rassurante. "Je sens que tu cherches des réponses. La réconciliation commence par la compréhension. Pour comprendre les autres, il faut d'abord comprendre soi-même et ses propres émotions."

Léonard écouta attentivement. "Mais comment puis-je comprendre mes propres émotions et trouver la paix?"

Octave hocha la tête. "Prends le temps d'examiner tes sentiments, Léonard. Parfois, le chemin vers la réconciliation passe par l'acceptation de la douleur que nous avons ressentie. Il est important de reconnaître cette douleur, mais aussi de chercher la sagesse et le pardon au-delà de celle-ci."

Remerciant Octave pour ses conseils, Léonard continua son voyage. Il suivit le ruisseau jusqu'à une petite prairie où se trouvait une famille de lapins en train de jouer. Parmi eux se trouvait une jeune lapine nommée Clémentine.

"Bonjour, Léonard," dit Clémentine avec un sourire radieux. "La réconciliation est aussi une question de jeu et de joie. Parfois, en trouvant des moments de bonheur avec ceux que nous avons du mal à pardonner, nous pouvons commencer à guérir."

Les paroles de Clémentine résonnèrent profondément en Léonard. Il comprit que la réconciliation pouvait également passer par des moments de légèreté et de bonheur partagé.

En poursuivant son chemin, Léonard atteignit une colline où il rencontra une vieille chouette nommée Léonore. "La réconciliation est comme les saisons, Léonard," expliqua Léonore avec sagesse. "Il y a des moments de perte et de douleur, mais aussi des moments de renouveau et de guérison. Accepte les saisons de ton cœur et permets-toi de grandir à travers elles."

Léonard réfléchit à ces paroles et sentit une nouvelle compréhension émerger en lui. Il savait maintenant que la réconciliation nécessitait d'accepter les cycles émotionnels et de permettre à la guérison de se produire naturellement.

Finalement, le ruisseau de Léonard le conduisit à une clairière où il trouva Félix, assis près d'un vieux chêne. Félix semblait aussi préoccupé que Léonard, et leurs regards se croisèrent avec une compréhension silencieuse.

Léonard s'approcha de Félix avec une hésitation. "Félix, je suis venu ici pour chercher la paix intérieure et la réconciliation. Je sais que notre querelle a été douloureuse, mais j'aimerais essayer de comprendre ce que nous avons vécu et de trouver un chemin vers le pardon."

Félix regarda Léonard avec des yeux remplis de tristesse et de regret. "Léonard, je suis désolé pour ce qui s'est passé entre nous. Je regrette profondément notre dispute et la douleur que cela a causée. Je veux aussi trouver un chemin vers la réconciliation."

Les deux amis se regardèrent, et un silence chargé d'émotion s'installa entre eux. Puis, Léonard prit une profonde inspiration et dit : "Peut-être que nous pouvons commencer par partager nos ressentis, écouter vraiment l'autre, et essayer de comprendre ce qui nous a conduits à cette dispute."

Félix hocha la tête en accord. Ils commencèrent à parler ouvertement de leurs sentiments, à partager leurs points de vue et à exprimer leurs regrets. Au fur et à mesure de la conversation, ils commencèrent à sentir une légèreté dans leurs cœurs, comme si un poids avait été enlevé.

Lorsque la nuit tomba, Léonard et Félix se levèrent et se serrèrent dans les bras. "Merci, Léonard," dit Félix avec sincérité. "Je me sens plus léger maintenant. La réconciliation est un chemin difficile, mais je suis heureux que nous ayons trouvé le courage de le parcourir ensemble."

Léonard sourit et répondit : "Merci à toi aussi, Félix. La réconciliation n'est pas seulement un acte de pardon, mais aussi une découverte de la profondeur de notre amitié. Je suis heureux que nous ayons trouvé un moyen de nous comprendre et de nous réconcilier."

Alors qu'ils se séparaient pour rentrer chez eux, Léonard sentit un profond soulagement et une paix intérieure. Il avait appris que la réconciliation était un voyage de compréhension, d'acceptation et de guérison. Il savait que ce voyage n'était pas toujours facile, mais qu'il était essentiel pour avancer et trouver la paix.

Le ruisseau qui avait guidé Léonard à travers la forêt continua de couler paisiblement, reflétant les étoiles qui brillaient dans le ciel nocturne. Léonard, avec un cœur léger et une nouvelle perspective, retourna dans la vallée, portant avec lui les leçons précieuses qu'il avait apprises.

Chaque fois qu'il regardait le ruisseau, il se rappelait que la réconciliation était un processus de purification et de renouveau, comme l'eau qui coule sans fin. Il savait que, tout comme le ruisseau nettoie et rafraîchit le paysage, la réconciliation purifiait et rafraîchissait les relations, apportant une nouvelle clarté et une nouvelle harmonie.

Et chaque soir, en contemplant les étoiles, Léonard se rappelait le voyage qu'il avait entrepris pour trouver la paix intérieure. Il savait que la réconciliation était un chemin qui nécessitait du courage et de la patience, mais qu'il était toujours possible de trouver la lumière et l'harmonie au bout du chemin.

Ainsi, Léonard vécut ses jours en paix, chérissant les moments de compréhension et de réconciliation, et célébrant la beauté des relations réparées et des cœurs guéris. Il savait que le voyage vers le pardon était une quête infinie, mais que chaque pas le rapprochait de la sérénité et de la véritable harmonie intérieure.

The Deer and the Stream of Reconciliation

In a peaceful valley surrounded by verdant hills, lived a deer named Léonard. Léonard was known for his majestic antlers and gentle nature. However, despite his serene appearance, Léonard carried a secret pain, an old misunderstanding with a close friend, a fox named Félix.

Several seasons ago, Léonard and Félix had had a dispute over a territory in the forest. The quarrel had been bitter, and although time had passed, the resentment and bitterness remained in Léonard's heart. Every time he saw Félix in the forest, he felt a wave of sadness and anger, despite his efforts to act with courtesy.

One autumn day, as leaves fell like golden confetti, Léonard wandered near a sparkling stream. The murmur of the water seemed to soothe his troubled mind, but the pain persisted. It was then that he met an old turtle named Séraphine, known for her wisdom and calm.

"Hello, Léonard," said Séraphine, watching the leaves float on the stream. "You seem troubled. What is happening to you?"

Léonard sighed deeply. "Séraphine, I carry an old grudge against Félix. We had a quarrel a long time ago, and although we have moved on with our lives, I cannot forget. I need to understand how to find inner peace."

Séraphine, with a look full of understanding, replied, "Reconciliation is a journey, Léonard. It is like this stream we are watching. To stay clear and pure, it must keep flowing and cleansing itself. Reconciliation requires opening your heart, releasing painful feelings, and allowing the water to flow freely."

Léonard pondered Séraphine's words and thanked the old turtle. He knew he needed to embark on a journey to find inner peace. Séraphine encouraged him to follow the stream, suggesting that perhaps he would find answers by exploring the forest.

Following the stream, Léonard arrived at a clearing where a grand oak stood majestically. Beneath the tree was a wise owl named Octave, who observed the falling leaves with benevolent attention.

"Good evening, Léonard," said Octave with a deep, reassuring voice. "I sense that you are seeking answers. Reconciliation begins with understanding. To understand others, you must first understand yourself and your own emotions."

Léonard listened attentively. "But how can I understand my own emotions and find peace?"

Octave nodded. "Take time to examine your feelings, Léonard. Sometimes, the path to reconciliation involves accepting the pain we have felt. It is important to recognize this pain, but also to seek wisdom and forgiveness beyond it."

Thanking Octave for his advice, Léonard continued his journey. He followed the stream to a small meadow where a family of rabbits was playing. Among them was a young rabbit named Clémentine.

"Hello, Léonard," said Clémentine with a radiant smile. "Reconciliation is also about play and joy. Sometimes, by finding moments of happiness with those we have trouble forgiving, we can begin to heal."

Clémentine's words resonated deeply with Léonard. He understood that reconciliation could also involve moments of lightness and shared joy.

As he continued on his path, Léonard reached a hill where he met an old owl named Léonore. "Reconciliation is like the seasons, Léonard,"

Léonore explained with wisdom. "There are times of loss and pain, but also times of renewal and healing. Accept the seasons of your heart and allow yourself to grow through them."

Léonard reflected on these words and felt a new understanding emerge within him. He now knew that reconciliation required accepting emotional cycles and allowing healing to occur naturally.

Finally, the stream led Léonard to a clearing where he found Félix sitting near an old oak tree. Félix appeared as troubled as Léonard, and their gazes met with a silent understanding.

Léonard approached Félix hesitantly. "Félix, I have come here to seek inner peace and reconciliation. I know our quarrel was painful, but I would like to try to understand what we went through and find a path to forgiveness."

Félix looked at Léonard with eyes filled with sadness and regret. "Léonard, I am sorry for what happened between us. I deeply regret our dispute and the pain it caused. I also want to find a path to reconciliation."

The two friends looked at each other, and a silence filled with emotion settled between them. Then, Léonard took a deep breath and said, "Perhaps we can start by sharing our feelings, truly listening to each other, and trying to understand what led us to this quarrel."

Félix nodded in agreement. They began to speak openly about their feelings, share their viewpoints, and express their regrets. As the conversation progressed, they began to feel a lightness in their hearts, as if a weight had been lifted.

As night fell, Léonard and Félix stood up and embraced. "Thank you, Léonard," Félix said sincerely. "I feel lighter now. Reconciliation is a difficult path, but I am glad we found the courage to walk it together."

Léonard smiled and replied, "Thank you too, Félix. Reconciliation is not only an act of forgiveness but also a discovery of the depth of our friendship. I am happy that we found a way to understand each other and reconcile."

As they parted ways to return home, Léonard felt a profound relief and inner peace. He had learned that reconciliation was a journey of understanding, acceptance, and healing. He knew that this journey was not always easy but was essential for moving forward and finding peace.

The stream that had guided Léonard through the forest continued to flow peacefully, reflecting the stars that shone in the night sky. Léonard, with a light heart and a new perspective, returned to the valley, carrying with him the precious lessons he had learned.

Each time he looked at the stream, he remembered that reconciliation was a process of purification and renewal, like the water that flows endlessly. He knew that just as the stream cleanses and refreshes the landscape, reconciliation purified and refreshed relationships, bringing new clarity and harmony.

And each evening, as he contemplated the stars, Léonard remembered the journey he had undertaken to find inner peace. He knew that reconciliation was a path that required courage and patience but that it was always possible to find light and harmony at the end of the path.

Thus, Léonard lived his days in peace, cherishing moments of understanding and reconciliation, and celebrating the beauty of repaired relationships and healed hearts. He knew that the journey to forgiveness was an endless quest, but each step brought him closer to serenity and true inner harmony.

Les Murmures de la Nature

Dans une petite ville au bord d'un lac tranquille, vivait une jeune fille nommée Émilie. Émilie avait toujours aimé les histoires et les récits fantastiques, ceux qui parlent de mondes cachés et de créatures magiques. Cependant, depuis quelque temps, elle se sentait déconnectée de cette magie qu'elle chérissait tant. La routine quotidienne et les soucis de la vie semblaient avoir terni son imagination.

Un jour, alors qu'elle se promenait au bord du lac pour échapper à ses pensées lourdes, elle remarqua une barque abandonnée près de la rive. Poussée par une impulsion soudaine, elle monta dans la barque et commença à ramer vers l'autre côté du lac, un endroit qu'elle n'avait jamais exploré auparavant.

Alors qu'elle approchait de la rive opposée, une brume épaisse se leva soudainement, enveloppant le lac dans un voile mystérieux. Émilie, loin d'être effrayée, sentit une excitation monter en elle. La barque glissa doucement jusqu'à toucher terre, et elle descendit avec précaution.

En avançant à travers la brume, elle aperçut une silhouette se dessiner progressivement. C'était une petite créature, semblable à un faon, avec des yeux brillants et une allure gracieuse. La créature s'approcha d'Émilie sans crainte et dit d'une voix douce :

"Bienvenue, Émilie. Je m'appelle Flore, gardienne de cette forêt enchantée. Que cherches-tu en ce lieu caché ?"

Surprise mais enchantée, Émilie répondit : "Je cherche à retrouver la magie que j'ai perdue, celle qui me faisait rêver et croire aux merveilles du monde."

Flore hocha la tête avec un sourire bienveillant. "La magie ne disparaît jamais vraiment. Parfois, elle est simplement voilée par le poids des soucis. Suis-moi, et je te montrerai comment la retrouver."

Émilie suivit Flore à travers la forêt. La brume commença à se dissiper, révélant une clairière illuminée par une douce lumière dorée. Au centre de la clairière se trouvait un arbre majestueux, ses feuilles scintillant comme des étoiles.

"Cet arbre est le cœur de notre forêt," expliqua Flore. "Il est nourri par les rêves et les espoirs de ceux qui croient en la magie. Pose ta main sur son tronc et écoute les murmures de la nature."

Émilie s'approcha de l'arbre et posa délicatement sa main sur l'écorce rugueuse. Elle ferma les yeux et écouta attentivement. Des murmures doux et mélodieux commencèrent à remplir son esprit, lui racontant des histoires de créatures fantastiques, de voyages merveilleux, et d'aventures incroyables. Elle sentit une chaleur réconfortante envahir son cœur, dissipant les ombres de ses inquiétudes.

"Merci, Flore," murmura Émilie en ouvrant les yeux. "Je sens la magie revenir en moi. Mais comment puis-je la garder vivante une fois rentrée chez moi?"

Flore répondit avec sagesse : "La magie est comme une flamme. Elle a besoin d'être alimentée par la curiosité, l'émerveillement, et les petites joies de la vie. Emporte avec toi ces souvenirs, et rappelle-toi toujours de prendre le temps d'écouter les murmures de la nature."

Émilie passa encore quelques heures à explorer la forêt enchantée avec Flore, découvrant des fleurs aux couleurs éclatantes, des animaux aux chants mélodieux, et des ruisseaux scintillant sous la lumière du soleil. Chaque découverte ravivait un peu plus son imagination et son amour pour les merveilles du monde.

Finalement, il fut temps pour Émilie de retourner chez elle. Elle remercia Flore chaleureusement et reprit le chemin de la barque. Alors qu'elle ramait de l'autre côté du lac, la brume se dissipa complètement, révélant un ciel clair et serein.

De retour chez elle, Émilie ressentit un changement profond en elle. Les soucis et la routine quotidienne ne semblaient plus aussi accablants. Elle trouva du temps chaque jour pour s'immerger dans la nature, écouter les oiseaux, observer les étoiles, et laisser son esprit vagabonder librement.

Avec le temps, elle devint une conteuse appréciée dans sa ville, partageant ses récits enchantés avec les enfants et les adultes, rappelant à chacun l'importance de garder la magie vivante dans leur cœur. Elle écrivit des histoires inspirées de ses aventures dans la forêt enchantée, des histoires qui parlaient de courage, de découverte, et de la beauté cachée dans les petites choses.

Les gens venaient de loin pour entendre ses contes et découvrir cette part de magie qu'elle avait retrouvée. Les enfants, en particulier, étaient captivés par ses récits et se sentaient inspirés à explorer le monde avec des yeux émerveillés.

Un jour, alors qu'Émilie racontait une de ses histoires favorites à un groupe d'enfants sous un grand chêne, elle aperçut un jeune garçon, Pierre, qui semblait particulièrement absorbé par ses paroles. Après l'histoire, il s'approcha d'elle timidement.

"Madame Émilie," dit-il, "pensez-vous que je pourrais aussi trouver une forêt enchantée comme celle de vos histoires?"

Émilie sourit et posa une main douce sur l'épaule de Pierre. "Mon cher Pierre, la magie est partout autour de nous. Il suffit d'ouvrir ton cœur et tes yeux pour la voir. Commence par explorer les bois près de chez toi, écoute les murmures du vent, et laisse ton imagination te guider. Qui sait ce que tu pourrais découvrir?"

Encouragé par ses paroles, Pierre partit le cœur léger, prêt à vivre ses propres aventures. Émilie le regarda partir avec un sourire, sachant que la magie continuait à se répandre grâce à ses récits.

Avec les années, Émilie continua à raconter ses histoires, à écrire de nouveaux récits et à inspirer de nombreuses générations. La petite ville au bord du lac devint un lieu où l'imagination et la magie étaient célébrées et où chacun, jeune ou vieux, trouvait une part de merveille dans les récits d'Émilie.

Elle comprit que la magie qu'elle avait tant cherché n'était jamais vraiment perdue, mais qu'elle résidait toujours dans la capacité de chacun à s'émerveiller et à croire en la beauté du monde. Ainsi, Émilie vécut une vie remplie de contes et de rêves, transmettant cette étincelle de magie à tous ceux qu'elle rencontrait, et assurant que les murmures de la nature continueraient à être entendus pour les générations à venir.

Whispers of Nature

In a small town by a tranquil lake lived a young girl named Émilie. Émilie had always loved stories and fantastic tales, those that spoke of hidden worlds and magical creatures. However, for some time, she felt disconnected from the magic she cherished so much. Daily routines and life's worries seemed to have dulled her imagination.

One day, as she walked by the lake to escape her heavy thoughts, she noticed an abandoned boat near the shore. Driven by a sudden impulse, she climbed into the boat and began rowing to the other side of the lake, a place she had never explored before.

As she approached the opposite shore, a thick fog suddenly rose, enveloping the lake in a mysterious veil. Émilie, far from being frightened, felt excitement growing within her. The boat glided gently until it touched the shore, and she stepped out cautiously.

As she moved through the fog, she saw a silhouette gradually taking shape. It was a small creature, resembling a fawn, with bright eyes and a graceful demeanor. The creature approached Émilie without fear and spoke in a soft voice:

"Welcome, Émilie. My name is Flore, guardian of this enchanted forest. What do you seek in this hidden place?"

Surprised but delighted, Émilie replied, "I seek to regain the magic I've lost, the one that made me dream and believe in the wonders of the world."

Flore nodded with a kind smile. "Magic never truly disappears. Sometimes it's just veiled by the weight of worries. Follow me, and I will show you how to find it again."

Émilie followed Flore through the forest. The fog began to lift, revealing a clearing bathed in a soft golden light. In the center of the clearing stood a majestic tree, its leaves shimmering like stars.

"This tree is the heart of our forest," explained Flore. "It is nourished by the dreams and hopes of those who believe in magic. Place your hand on its trunk and listen to the whispers of nature."

Émilie approached the tree and gently placed her hand on the rough bark. She closed her eyes and listened carefully. Soft, melodious whispers began to fill her mind, telling her stories of fantastic creatures, wonderful journeys, and incredible adventures. She felt a comforting warmth fill her heart, dispelling the shadows of her worries.

"Thank you, Flore," Émilie murmured as she opened her eyes. "I feel the magic returning to me. But how can I keep it alive once I'm back home?"

Flore responded wisely, "Magic is like a flame. It needs to be fed by curiosity, wonder, and the small joys of life. Take these memories with you, and always remember to take the time to listen to the whispers of nature."

Émilie spent a few more hours exploring the enchanted forest with Flore, discovering brightly colored flowers, animals with melodious songs, and streams sparkling under the sunlight. Each discovery rekindled her imagination and her love for the world's wonders.

Finally, it was time for Émilie to return home. She thanked Flore warmly and made her way back to the boat. As she rowed to the other side of the lake, the fog lifted completely, revealing a clear, serene sky.

Back home, Émilie felt a profound change within her. The worries and daily routine no longer seemed so overwhelming. She found time each day to immerse herself in nature, listen to the birds, observe the stars, and let her mind wander freely.

Over time, she became a beloved storyteller in her town, sharing her enchanted tales with children and adults, reminding everyone of the importance of keeping magic alive in their hearts. She wrote stories inspired by her adventures in the enchanted forest, tales of courage, discovery, and the hidden beauty in small things.

People came from far and wide to hear her stories and discover the piece of magic she had regained. Children, in particular, were captivated by her tales and felt inspired to explore the world with wonder-filled eyes.

One day, as Émilie was telling one of her favorite stories to a group of children under a large oak tree, she noticed a young boy, Pierre, who seemed particularly absorbed by her words. After the story, he approached her timidly.

"Madame Émilie," he said, "do you think I could also find an enchanted forest like the ones in your stories?"

Émilie smiled and gently placed a hand on Pierre's shoulder. "My dear Pierre, magic is all around us. You just need to open your heart and eyes to see it. Start by exploring the woods near your home, listen to the whispers of the wind, and let your imagination guide you. Who knows what you might discover?"

Encouraged by her words, Pierre set off with a light heart, ready to embark on his own adventures. Émilie watched him leave with a smile, knowing that the magic continued to spread through her tales.

Over the years, Émilie continued to tell her stories, write new tales, and inspire many generations. The small town by the lake became a place where imagination and magic were celebrated, and where everyone, young and old, found a bit of wonder in Émilie's stories.

She realized that the magic she had sought was never truly lost, but always resided in the ability of each person to marvel and believe in the world's beauty. Thus, Émilie lived a life filled with tales and dreams, passing on that spark of magic to everyone she met, ensuring that the whispers of nature would continue to be heard for generations to come.

www.ingramcontent.com/pod-product-compliance
Lightning Source LLC
Chambersburg PA
CBHW050812160726
48004CB00002B/813